BEI GRIN MACHT SICH IHR WISSEN BEZAHLT

- Wir veröffentlichen Ihre Hausarbeit,
  Bachelor- und Masterarbeit

- Ihr eigenes eBook und Buch -
  weltweit in allen wichtigen Shops

- Verdienen Sie an jedem Verkauf

Jetzt bei www.GRIN.com hochladen und kostenlos publizieren

Bibliografische Information der Deutschen Nationalbibliothek:

Die Deutsche Bibliothek verzeichnet diese Publikation in der Deutschen National-
bibliografie; detaillierte bibliografische Daten sind im Internet über http://dnb.d-
nb.de/ abrufbar.

Impressum:

Copyright © 2015 GRIN Verlag, Open Publishing GmbH
Druck und Bindung: Books on Demand GmbH, Norderstedt Germany
ISBN: 978-3-668-23046-0

Dieses Buch bei GRIN:

http://www.grin.com/de/e-book/323842/der-deutsche-und-der-europaeische-quali-
fikationsrahmen-im-vergleich-eine

Luisa Wittenbrink

Der Deutsche und der Europäische Qualifikationsrahmen im Vergleich. Eine kritische Betrachtung

GRIN Verlag

Modul: Curriculare, personelle und strukturelle Bedingungen

Wintersemester 2015/16

Ausarbeitung eines Referates

„Einführung in das Prinzip des Deutschen Qualifikationsrahmens"

Seminar: Perspektiven der kompetenzorientierten Unterrichts- und Schulgestaltung

Abgabedatum: 14.03.16

Luisa Wittenbrink

Studiengang: Berufliche Bildung in der Sozialpädagogik (B.A.)

Fachsemester: 3

Inhaltsverzeichnis

Abbildungsverzeichnis

Einleitung

Seit etwa den 1960er Jahren findet, gerade in Politik und Wirtschaft, immer wieder der Begriff der Globalisierung Verwendung. Der genaue Zeitpunkt, wann die Globalisierung ihren Anfang genommen hat, ist dabei schwer zu definieren. Teilweise wird das 15. Jahrhundert als Zeit einer solchen Wende genannt, teilweise wird die Nachkriegszeit des 2. Weltkrieges als Beginn der Globalisierung bestimmt.

Der Begriff steht in erster Linie für Veränderungen in internationalem Kontext. Neben der sogenannten industriellen Revolution und dem damit verbundenen technologischem Fortschritt kam es zu immer mehr internationalen Verflechtungen und in Folge dessen zu höherer Mobilität der einzelnen Bürger*innen. Die Notwendigkeit einer Vergleichbarkeit einzelner Länder, und besonders der verschiedenen Bildungssysteme, kam durch den häufigen Positionswechsel, gerade bezüglich der beruflichen Tätigkeit, immer mehr zum Tragen.

Begonnen wurde „1999 mit der Bologna-Erklärung und der Idee eines ‚gemeinsamen Europäischen Hochschulraums‘"[1] Hier galt es, das Studiensystem und die möglichen Abschlüsse vergleichbar auszuarbeiten und verständlich zu formulieren. Über die Jahre wurde jedoch die Forderung nach Transparenz des Bildungssystems stärker. „Der Europäische Rat von Barcelona (2002) setzte dieses Vorhaben [durch], indem er die Einführung von Instrumenten forderte, die sich der Transparenz von Qualifikationen annehmen"[2]. Daraus entstand schließlich der Europäische Qualifikationsrahmen (EQR), welcher ab 2002 entwickelt wurde und 2008 in seiner endgültigen Form in Kraft trat.

Nach Inkrafttreten des EQR galt es auf nationaler Ebene innerhalb der Europäischen Union länderspezifische Qualifikationsrahmen zu entwickeln, welche sich am EQR orientieren. Ziel war es, „Bildung an den Zielen des lebensbegleitenden Lernens und der Beschäftigungsfähigkeit auszurichten"[3] und dabei ein Übersetzungsmedium für Qualifikationen einzelner Länder zu schaffen. Benötigt wurde in Deutschland also ein „bildungsbereichsübergreifender und europäisch anschlussfähiger [deutscher Qualifikationsrahmen]"[4], der dazu dient, Qualifikationen des deutschen Bildungssystems einzuordnen und dabei Orientierung erleichtert und europäische Vergleichbarkeit schafft.[5]

---

[1] Sloane (2008): 19
[2] Ebd.
[3] Sloane (2008): 3
[4] Ebd.
[5] Vgl. http://www.dqr.de/ (15.11.15)

Die folgende Hausarbeit thematisiert sowohl den Europäischen als auch den Deutschen Qualifikationsrahmen (DQR) inhaltlich. Anschließend werden beide Qualifikationsrahmen kritisch diskutiert.

Begrifflichkeiten

1. Qualifikationsrahmen

In der folgenden Hausarbeit werden unter Qualifikationen alle bereits erworbenen Fertigkeiten und Erfahrungen einer Person verstanden, die Voraussetzung für eine bestimmte Tätigkeit sind. Dabei wird sich meist auf die zertifizierten (beispielsweise durch Zeugnisse) Kenntnisse der jeweiligen Person bezogen.

Ein Qualifikationsrahmen schließt sich vorausgehender Definition an und steht dabei für eine Darstellung, die Qualifikationen erfasst, sowie auch beschreibt.

2. Lernergebnisse

Sowohl innerhalb des Europäischen als auch des Deutschen Qualifikationsrahmens findet der Begriff der Lernergebnisse oftmals Verwendung. Die Kommission der Europäischen Gemeinschaft definiert hier, es handele sich dabei um „Aussagen darüber, was eine Lernende/ein Lernender weiß, versteht und in der Lage ist zu tun, nachdem sie/er einen Lernprozess abgeschlossen hat. Sie werden als Kenntnisse, Fertigkeiten und Kompetenzen definiert."[6]

---

[6] Kommission der Europäischen Gemeinschaften (2006): 18

Hauptteil

1. Der Europäische Qualifikationsrahmen

Mit der Idee einer „Übersetzungshilfe nationaler beruflicher Bildungssysteme"[7] beschlossen die europäischen Bildungsminister*innen im Jahr 2004 den europäischen Qualifikationsrahmen zu entwickeln. Um eine Vergleichbarkeit von Bildungssystemen der einzelnen europäischen Länder zu ermöglichen sollte ein Metarahmen geschaffen werden, welcher nationalen Bildungssystemen Orientierung ermöglicht. Dabei stellt der EQR einen Rahmen dar, dem andere Qualifikationsrahmen unterzuordnen sind, es handelt sich also um eine Art Vorlage für die Qualifikationsrahmen der einzelnen Länder, welcher die einzelnen Qualifikationen zueinander ins Verhältnis setzt.

Bei der Erstellung des EQR wurden drei Ziele festgelegt, die zu verfolgen waren. Zunächst galt es, den EQR transparent zu gestalten, um sowohl international als auch national die Arbeitsmobilität der Bürger*innen zu fördern.[8] Die erworbenen Qualifikationen und Abschlüsse sollten dabei bildungsübergreifend lesbar gemacht werden, somit für jede*n Bürger*in verständlich zugänglich sein. Folge wäre, dass jede*r Bürger*in in der Lage ist, den eigenen Bildungsstand nachzuvollziehen und gleichzeitig alle Möglichkeiten der Weiterbildung einsehen kann. „Gemäß den Aussagen des Bundesministeriums für Bildung und Forschung (BMBF) [...] besteht aus deutscher Sicht an diesem Zielhorizont das größte Interesse."[9]

Als weiteres Ziel galt es, die nationale und internationale Bildungsmobilität durch Anrechnung und Durchlässigkeit des EQR zu fördern.[10] Qualifikationen und Bildungswege müssen demnach verbunden oder einem hierarchischen Konstrukt zugeordnet werden. Um eine internationale Vergleichbarkeit zu garantieren sollten die Qualifikationen zudem „unabhängig von Bildungsgängen beschrieben [...]"[11] und einer anderen, das heißt landesunabhängigen Klassifikation untergeordnet werden. Schließlich war weiteres Ziel die Anerkennung von informell erworbenen Kompetenzen einzelner Personen[12], also Kompetenzen die unabhängig von Bildungswegen erworben wurden und dementsprechend nicht zertifiziert sind, beispielsweise durch langjährige Berufserfahrung oder Fortbildungen.

In diesem Fall muss die Möglichkeit gegeben werden diese zusätzlichen Kompetenzen zu messen und schließlich bescheinigen zu lassen.

---

[7] Sloane (2008): 21
[8] Vgl. Sloane (2008): 23
[9] Sloane (2008): 24
[10] Vgl. Sloane (2008): 23
[11] Sloane (2008): 24
[12] Vgl. Sloane (2008): 25

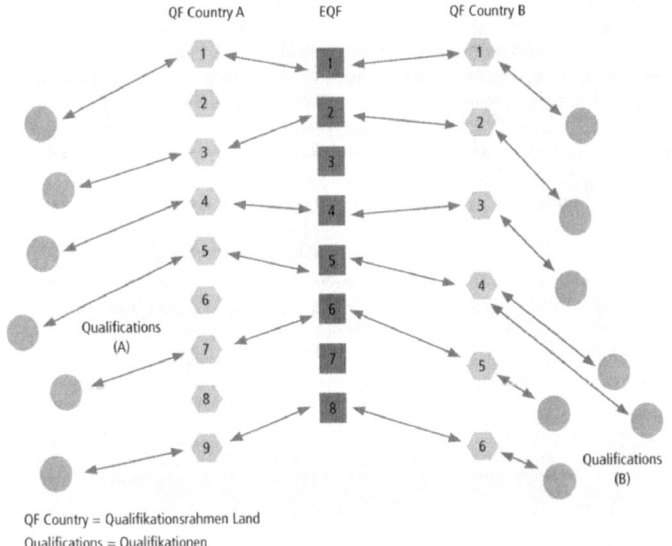

QF Country A   EQF   QF Country B

Qualifications (A)

Qualifications (B)

QF Country = Qualifikationsrahmen Land
Qualifications = Qualifikationen

Abbildung 1: EQR als Metarahmen[13]

Da der EQR vorrangig Orientierung bieten soll, kennzeichnet er, wie in Abbildung 1 dargestellt, den Mittelpunkt einer solchen Bildungsorganisation. Diese Vorlage umfasst acht Niveaustufen, an welchen sich die Nationalen Qualifikationsrahmen anpassen. Es werden also in den einzelnen Ländern Lernergebnisse verschiedenen Qualifikationen zugeordnet, welche wiederum einem Schema von acht Niveaustufen zuzuordnen sind. Diese nationalen Niveaus sind mit denen des EQR kompatibel. Somit kann jedes Land mit nationalem Qualifikationsrahmen durch den EQR vergleichen, welche Qualifikationen anderer Länder mit den eigenen analog sind.

Die einzelnen Niveaustufen sind wiederum unterteilt in theoretisches und sachliches Wissen, kognitive und praktische Fertigkeiten sowie Sozial- und Selbstkompetenz.[14] Dabei werden die Lernergebnisse beschrieben, die in den jeweiligen Feldern erworben worden müssen, um eine bestimmte Niveaustufe zu erreichen.

---

[13] Kommission der Europäischen Gemeinschaften (2005): 16
[14] Vgl. https://ec.europa.eu/ploteus/content/descriptors-page (13.12.15)

2. Der Deutsche Qualifikationsrahmen

„Die Schaffung eines Europäischen Qualifikationsrahmens (EQR) wurde mit der Empfehlung an die Mitgliedstaaten verbunden, nationale Qualifikationsrahmen zu entwickeln und diese auf den EQR zu beziehen. Heute ist es bereits die Mehrzahl aller Staaten weltweit, die einen nationalen Qualifikationsrahmen entwickelt oder bereits über einen solchen verfügt."[15]

Entsprechend dieser Empfehlung wurde auch in Deutschland beschlossen, einen nationalen (deutschen) Qualifikationsrahmen zu entwickeln. Zuständig dafür waren das Bundesministerium für Bildung und Forschung (BMBF) sowie die Kultusministerkonferenz (KMK). Im Jahr 2009 wurde ein erster Entwurf eines DQR dargeboten und im folgenden Jahr erprobt. Schließlich wurde eine endgültige Version im Jahr 2011 verabschiedet und die ersten Zuordnungen von Qualifikationen und Niveaustufen wurden getroffen.[16]

Der DQR gliedert sich, orientiert am EQR, in 8 Niveaustufen, die im deutschen Bildungssystem erworben werden können. Unterteilt in Fachkompetenzen (Wissen und Fertigkeiten) und Personale Kompetenzen (Sozialkompetenz und Selbstständigkeit) werden allgemeine Anforderungen beschrieben, die es zu erfüllen gilt, wenn eine Qualifikation des jeweiligen Niveaus angestrebt wird. Unter Fachkompetenz wird dabei die Breite und Tiefe des erworbenen Wissens, sowie die Ausprägung der Fähigkeiten verstanden. Personale Kompetenz meint sowohl soziale Aspekte, wie beispielsweise Team- und Führungsfähigkeit oder Kommunikationsfähigkeit, als auch personelle Aspekte, zum Beispiel Eigenständigkeit, Verantwortung oder Reflexionsfähigkeit.

Unter diesen Fachkompetenzbegriffen werden verschiedenste mögliche Qualifikationen und Abschlüsse in Deutschland den acht Niveaustufen zugeteilt. Die Zuteilung wird bestimmt durch die Kompetenzen, die eine bestimmte Qualifikation voraussetzt. Grob lassen sich die Niveaustufen wie folgt beschreiben:

Niveaustufe 1:	Kompetenzen für die Erfüllung einfacher Anforderungen
Niveaustufe 2:	Kompetenzen für die Erfüllung grundlegender Anforderungen
Niveaustufe 3:	Kompetenzen für die Erfüllung fachlicher Anforderungen
Niveaustufe 4:	Kompetenzen für selbständige Planung und Bearbeitung fachlicher Aufgaben
Niveaustufe 5:	Kompetenzen für selbständige Planung und Bearbeitung umfassender fachlicher Aufgaben

---

[15] (13.12.15)
[16] Vgl. http://www.dqr.de/content/2360.php (15.12.15)

Niveaustufe 6:	Kompetenzen für Planung, Bearbeitung und Auswertung von
	umfassenden fachlichen Aufgaben
	und
	zur eigenverantwortlichen Steuerung von Prozessen
Niveaustufe 7:	Kompetenzen für die Bearbeitung von neuen komplexen
	Aufgaben
	und
	zur eigenverantwortlichen Steuerung von Prozessen
Niveaustufe 8:	Kompetenzen für die Gewinnung von Forschungserkenntnissen
	und
	zur Entwicklung innovativer Lösungen und Verfahren[17]

Die Entscheidung, welche Abschlüsse welcher Niveaustufe zugeordnet werden, obliegt dem Arbeitskreis DQR (AK DQR). Dieser setzt sich zusammen aus relevanten Akteuren der Allgemeinbildung, Hochschulbildung, beruflichen Aus- und Weiterbildung, sowie Sozialpartnern, Wirtschaftsorganisationen und Expert*innen aus Wissenschaft und Praxis.[18] Entscheidungen werden dabei immer nach dem Konsensprinzip, also nach Einstimmigkeit, getroffen. Orientierung bei sowohl der Erstellung als auch der fortlaufenden Ergänzung von Qualifikationen boten für den DQR die Ziele des EQRs (s. S.3). Neben Transparenz und Durchlässigkeit einzelner Qualifikationen soll der DQR zudem klären „in welcher Beziehung die allgemeine Bildung, die akademische Bildung und die berufliche Bildung [...] zueinander stehen." Da in Deutschland die Möglichkeit besteht, verschiedene Bildungswege einzuschlagen, müssen diese, bzw. deren untergeordnete Abschlüsse, einander gegenübergestellt und verglichen werden und dementsprechend in die hierarchische Auflistung des Qualitätsrahmens aufgenommen werden.

Nachfolgende Abbildung macht deutlich, welche Bezugsebenen der DQR umfasst. Hierbei wird eine wechselseitige Verbindung der einzelnen Teile beschrieben, so fand schon die Entwicklung des DQR nicht für sich statt, sondern „eingebettet in politische Rahmenbedingungen in Form von Zielen, Profilen, Niveaustufen, Lernergebnissen, [...] im Sinne des Lebenslangem Lernens (LLL).[19] (s. Abb. 2, 2. Kreis von außen)

---

[17] Vgl. http://www.dqr.de/content/2315.php (15.12.15)
[18] Vgl. http://www.dqr.de/content/2328.php (17.12.15)
[19] Gehmlich (2009): 10

9

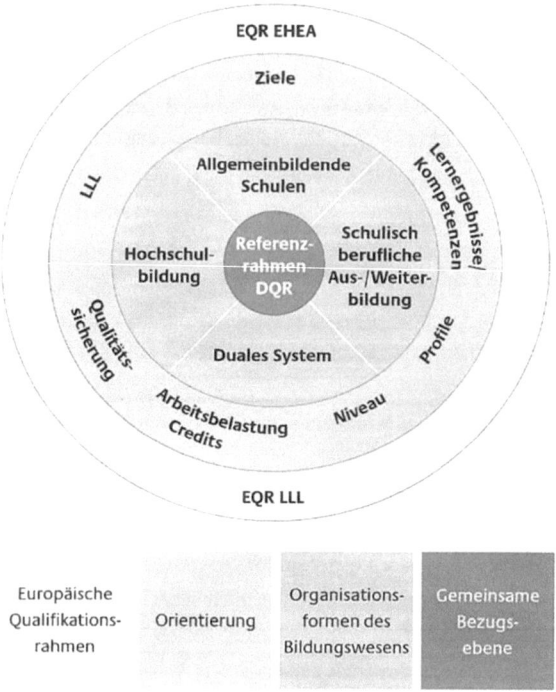

EQR EHEA

Ziele

LLL

Lernergebnisse/ Kompetenzen

Allgemeinbildende
Schulen

Referenz-
rahmen
DQR

Hochschul-
bildung

Schulisch
berufliche
Aus-/Weiter-
bildung

Qualitäts-
sicherung

Duales System

Profile

Arbeitsbelastung
Credits

Niveau

EQR LLL

Europäische Qualifikationsrahmen	Orientierung	Organisationsformen des Bildungswesens	Gemeinsame Bezugsebene

Abbildung 2: Bezugsebenen eines deutschen Qualifikationsrahmens[20]

Wie in Abbildung 2 dargestellt umfasst der DQR die vier Bildungsbereiche Allgemeinbildende Schulen, Hochschulbildung, die schulisch/berufliche Aus- und Weiterbildung sowie das Duale System. Innerhalb dieser Bereiche wurden also Qualifikationen beschrieben, die die politischen Rahmenbedingungen sowie die Vorgaben des EQRs erfüllen.

---

[20] Ebd.

3. Kritische Betrachtung

Der Europäische und der Deutsche Qualifikationsrahmenstelle stellen eine gute Methode dar, eine Vergleichbarkeit der verschiedenen Bildungssysteme einzelner Länder zu ermöglichen. Die Umsetzung der Ziele Transparenz und Durchlässigkeit schaffen die Möglichkeit von beruflicher Mobilität sowie Wettbewerbsfähigkeit, die gerade im wirtschaftlichen und politischen Kontext immer mehr Bedeutung hat.

Gleichzeitig wird das Lebenslange Lernen einzelner Bürger*innen zumindest insoweit gestärkt, dass der eigene Bildungsstand eingeschätzt werden kann und gleichzeitig Aufklärung hinsichtlich der möglichen beruflichen Perspektiven und Weiterbildungswege, sowohl national als auch international, besteht.

Deutsche Arbeitgeber können mithilfe des EQRs Qualifikationen von Bewerbern anderer Länder einfacher mit den eigenen Anforderungen vergleichen, genauso haben es Arbeitnehmer einfacher, den beruflichen Weg in anderen Ländern ohne Probleme fortzuführen. Auch für Studenten die etwa Auslandspraktika anstreben kann der EQR als Hilfestellung dienen.

Dennoch weisen sowohl EQR als auch DQR einige Schwachstellen auf, die der unproblematischen Vergleichbarkeit von Bildungssystemen im Weg steht. Zum einen „schreibt [der EQR] weder Inhalt noch Form von nationalen Qualifikationsrahmenwerken vor."[21] Was zunächst den Vorteil hat, dass die nationalen Qualifikationsrahmen keiner besonderen Prüfung unterliegen sonder einzig die Ziele der Transparenz verfolgen sollen, also frei nach individuellen Vorstellungen des jeweiligen Landes einer geeigneten Darstellung des Bildungssystems entsprechen, kann es so wiederum Schwierigkeiten in der Vergleichbarkeit hervorrufen, wenn eine unterschiedliche Struktur von Qualitätsrahmen vorliegt. Die einzige Vorgabe der Orientierung an Niveaustufen kann gegebenenfalls für einen einfachen Vergleich der Bildungssysteme nicht ausreichen.

Eine Vorgabe des EQR ist, dass die Qualifikationen unabhängig von einzelnen Bildungsgängen beschrieben werden, sondern als „identifizierbare und bewertbare kleinere Einheiten.[22] Daraus resultiert jedoch, dass „unabhängig, ob diese Einheiten je einzeln geprüft oder zertifiziert werden, [...] eine ‚virtuelle‘ Modularisierung als [...] technische Grundlage [...] unvermeidlich [ist].[23] Wenn aber, wie bereits erwähnt, die Nationalen Qualifikationsrahmen unterschiedlich dargestellt werden, und somit auch unterschiedlichen „virtuellen

---

[21] Gehmlich (2009): 10
[22] Sloane (2008): 24
[23] Sloane (2008): 24

Modularisierungen" unterliegen, wird es schwieriger, die eigentlichen Ziele des EQRs zu gewährleisten.

Zudem umfasst der DQR bei der Beschreibung von Lernergebnissen nicht alle Qualifikationen, was „schon aus Gründen des vorgegebenen Zeitrahmens nicht erfolgen [konnte].[24] Werden aber nicht alle Qualifikationen umfasst, kann kaum eine gänzliche Transparenz gewährleistet werden, was wiederum die Vergleichbarkeit beeinträchtigt.

Schließlich ist als wichtiger Aspekt zu verzeichnen, dass der DQR zwar seit Jahren besteht und anwendbar ist, aber dennoch kaum Aufmerksam auf sich zieht. Während in der Schulzeit kaum ein*e Schüler*in damit konfrontiert wird, so wird auch in vielen Studiengängen selten davon Gebrauch gemacht. Kaum eine*r der befragten Kommilitonen konnten mit dem Begriff etwas anfangen, ohne dass eine genaue Beschreibung folgte. Die Idee die hinter Europäischem und den Nationalen Qualifikationsrahmen steckt ist sicherlich in vielen Situationen hilfreich, doch es fehlt an Bekanntheit innerhalb der Gesellschaften.

Ausblick

Der Europäische und der Deutsche Qualifikationsrahmen wurden entwickelt, um eine Vergleichbarkeit von verschiedenen nationalen Bildungssystemen zu ermöglichen, sowie Lebenslanges Lernen zu fördern. Mit der Beschreibung bereichsübergreifend lesbarer Kompetenzen wurden die berufliche Mobilität sowie Wettbewerbsfähigkeit im Bereich der Bildung vereinfacht.

Dabei wurden die Ziele der Transparenz, Anrechnung und Durchlässigkeit sowie der Anerkennung informell erworbener Kompetenzen einzelner Personen verfolgt.

Schon die Idee eröffnet enorme Chancen innerhalb Europas und stellt einen Fortschritt im Bereich der Bildung und beruflichen Mobilität dar. Neben einer leicht verständlichen und vereinfachten Gestaltung des EQRs bietet diese Vereinfachung jedoch auch einige Schwachstellen, die ausgebessert werden könnten. Die Schwierigkeit, einen Weg zu finden, die Bildungssysteme aller europäischen Länder zueinander ins Verhältnis zu setzten, ist nicht zu übersehen. Daher ist eine andauernde Ergänzung und Verbesserung sowohl des EQRs, der als Metarahmen fungiert, sowie der Nationalen Qualifikationsrahmen, nötig, um schließlich die Ziele uneingeschränkt umsetzen und gewährleisten zu können.

Gleichwohl ist beeindruckend, dass „neben Deutschland [...] 26 weitere Länder ihre NQR im Rahmen der Referenzierung dem EQR zugeordnet [haben]."[25] Denn je mehr Länder sich am

---

[24] Gehmlich (2009: 10
[25] http://www.dqr.de/content/2323.php (17.12.15)

Prinzip des Europäischen Qualifikationsrahmens beteiligen, desto sinniger und praktischer ist dessen Umsetzung und Nutzung.

Literaturverzeichnis

Gehmlich, Volker (2009): Die Einführung eines Nationalen Qualifikationsrahmens in Deutschland (DQR) – Untersuchung der Möglichkeiten für den Bereich formalen Lernens. Band 2 der Reihe Berufsbildungsforschung. Bundesministerium für Bildung und Forschung. Bonn, Berlin

Guellali, Chokri (2005): Qualität in der Weiterbildung – Qualitätsrahmen für die Selbstevaluation beruflicher Weiterbildungseinrichtungen. Shaker Verlag. Aachen

Sloane, Peter F. E. (2008): Zu den Grundlagen eines Deutschen Qualifikationsrahmens (DQR). Bundesinstitut für Bildung. Bonn

Kommission der Europäischen Gemeinschaften (2005): Arbeitsunterlage der Kommissionsdienststellen. Auf dem Weg zu einem Europäischen Qualifikationsrahmen für Lebenslanges Lernen. Brüssel

Kommission der Europäischen Gemeinschaften (2006): Vorschlag für eine Empfehlung des Europäischen Parlaments und des Rates zur Einrichtung eines Europäischen Qualifikationsrahmens für lebenslanges Lernen. Brüssel

Internetquellen

http://www.dqr.de/ (15.11.15)

http://www.dqr.de/content/2258.php (13.12.15)

http://www.dqr.de/content/2315.php (15.12.15)

http://www.dqr.de/content/2323.php (17.12.15)

http://www.dqr.de/content/2328.php (17.12.15)

http://www.dqr.de/content/2360.php (15.12.15)

https://ec.europa.eu/ploteus/content/descriptors-page (13.12.15)